PALOMA MOYA

la morgue de los sentimientos

2020

Paloma Moya
La morque de los sentimientos
Ilustraciones y tapa de Winter Alar
Primera edición, 2020

ISBN: 9798571582490

Corrección y Maquetación: Nathalia Tórtora

Te lo dedico a ti, que me lees,
que tiempo me cedes.
Por pasarme bocanadas de tu aire
y darme vida.

*A quienes perdí con el pasar de los años,
por haberme ayudado a encontrar mi camino
en la soledad y en la oscuridad.
En ellas descubrí de lo que soy capaz.*

Índice

 HORA DE LA MUERTE 12

2:19 A. M.   14
3:54 A. M.   16
4:09 A. M.   18
5:50 A. M.   20
6:43 A. M.   22
7:00 A. M.   24
8:03 A. M.   26
11:37 A. M.   28
2:37 P. M.   30
2:16 P. M.   32
3:15 P. M.   34
4:18 P. M.   36
6: 57 P. M.   38
7:56 P. M..   40
8:07 P. M.   42
9:25 P. M.   44
10:48 P. M.   46

Índice

CAUSA DE LA MUERTE 48

ADIÓS AL ENCIERRO DE LA MENTE   50
AMANTE SILENCIOSO   52
ANÓNIMO   54
ANSIEDAD   56
BELLAS Y BESTIAS   58
CAPERUCITA ROJA   60
CUENTOS DE HADAS   62
CURITAS EN LA BOCA   64
DESPEDIDA AL TEMOR   66
EL FUTURO MUERE   68
EL RETRATO DE DORIAN GRAY   70
ÉRASE UNA VEZ…   72
INJUSTICIA   74
LA LISTA DEL PRÍNCIPE AZUL   76
LATIDOS   78
MARCAS   80
NIÑA   82
PENSAMIENTO SIN CAFÉ   84
SAL EN LA HERIDA   86
ABRIGO   88
RENACER   90

Antes de que veas a este pobre cuerpo sobre la fría camilla, debería decirte de qué color es su sangre, por qué su interior habla y por qué, aun en la muerte, un corazón late.

Sé que puede sorprenderte que los sentimientos destripen a alguien, pero no busques muy lejos al asesino de esta alma, solo mírate al espejo mientras recitas estas palabras y sabrás de quién habla.

¿Estás listo para la autopsia?

¿No?

Eso es una pena, porque la muerte no se echa para atrás, y tú ya no tienes pulso que dar.

Hora de la muerte

Creo que he pasado la fina línea entre la cordura y locura.
Aunque, siendo completamente honesta, nunca he sabido bien
cuál de las dos en mis brazos debo llevar y en mi cabeza instalar.

¿Qué es cordura?
¿Qué es locura?
¿Hasta qué punto una te encadena y la otra te libera?

Tal vez son la misma cosa desde diferentes ojos.
Tal vez son opuestos, imperfectos
pero perfectos en complementos.

Creo que la línea se sitúa entre estar y no estar. En estar
cuerdamente loca en este mundo que crea mi mente
descompuesta.

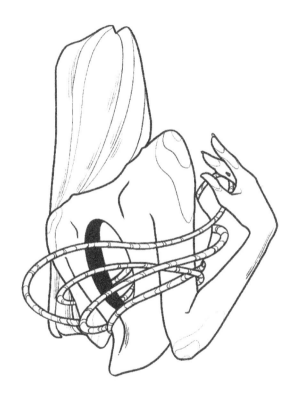

2:19 A. M.

Me pondré una segunda piel. Una donde el sol no queme y donde la arena del suelo no pele.

Piel donde el que pase por mi lado y que de mi verano se largue a mi corazón no quiebre.

Adiós, verano del 2019.

3:54 A. M.

¿Calladita me veo más bonita?
Hombre, compréndelo, seré escandalosa.

¿Para qué mentir?
¡Me gusta hacerme oír!

4:09 A. M.

Algunos se despiden y otros ni un aviso dicen.
Muchos son como los trenes, van y vienen cuando les conviene.

Algunos te olvidan y solo te recuerdan cuando al rostro te miran.

Muchos se excusan,
pero no terminan el círculo por el que caminan.

¿Todos se van?
¿Algunos?

¿La respuesta?
Pocos se quedan.

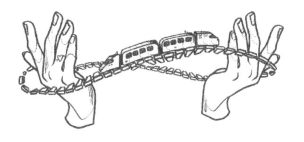

5:50 A. M.

Tú eres perfecta.

El mundo es el que debería ponerse a dieta
y dejar de comer comentarios de mal gusto.

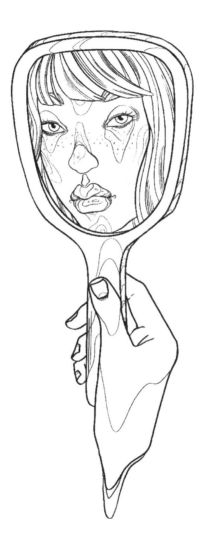

6:43 A. M.

Bruja, sirena, serpiente.
Creo mi propio y escurridizo ambiente.

Soy todo eso que temes en la mente:
una mujer independiente.

7:00 A. M.

Es confuso esto del amor propio.
Como cuando llueve con sol y no sabes
si llevar el paraguas para cubrirte del flameante rubio
o del agua fría del día.

Te comienzas a cuestionar cosas:
No, me amo.
Me amo.
No me amo.

Tan confuso y peligroso como las comas
en lugares faltantes y erróneos.

8:03 A. M.

Vivimos un constante rumbo de hipofrenia.
Inyectada directo junto con la hipocresía de las sonrisas.
Pero, tal vez, le tomamos cariño a la tristeza,
porque ella nos permite estar rotos sin juzgar.

11:37 A. M.

Estoy descompuesta.

No actúo como debería y no soy como muchos desearían.

Tal vez vuelo más alto de lo que los demás imaginarían y, posiblemente, caigo más bajo de lo que yo amaría.

Pero aún vuelo.

Vuelo.
¿Cierto?

2:37 P. M.

Si el mundo se acabara mañana, quisiera pedir perdón.

Por lo que hice y por lo que no.

Por las personas a las que herí
y por las que me dejé lastimar, por las veces que nunca sonreí.

Por las veces que deseé vivir y apenas al mundo salí.

Si mañana se acabara el mundo
—en verdad espero que no se acabe—,
aún no soy más de lo que quiero ser.

Aún no he conocido lo mejor que el mundo puede ofrecer.

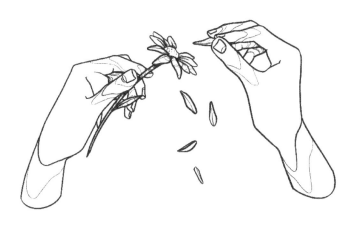

2:16 P. M.

Ese desfile que por mi garganta se desliza.

Esa felicidad que me desdicha al respirar.

Oh, pero qué bonito es disfrutar de la vida,
aunque me ahogue con mi propia saliva.

Mi mano, que por inconciencia intenta tapar
la risa que de mis labios burbujea,
flota y hasta como pez aletea.

Más que por cubrir mis dientes separados,
es por temor a que la alegría sea efímera y termine emigrando,
dejándome un sabor del pasado.

Mi sonrisa es escandalosa cuando es verdadera.

Mi sonrisa, qué bonita serías
si pudieras perdurar para siempre,
infinitamente.

3:15 P. M.

Huyes de las cosas que te lastiman,
pero miras por el pequeño espacio
que de tu ojo aún vislumbras, morbosa por saber
si queda algo por suceder.

4:18 P. M.

De pequeños, temerle a la oscuridad siempre está permitido.

El daño ocurre cuando no nos enseñan cómo combatirla.

Ahora, de grandes, le tememos a la luz
y así es como nos volvemos las bestias debajo de la cama.

6: 57 P. M.

Qué ilusos, venimos al mundo llorando.

Eso nos debió haber dado una clara idea
de lo que nos esperaba al final del tobogán.

¿Caer contra el pavimento?

Antes no se sentía como cemento.

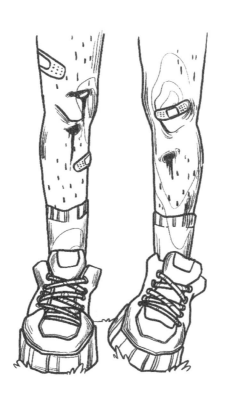

7:56 P. M..

Mirando hacia atrás, tal vez veas huellas de sangre
o ciudades de piedra.

Gente con la mirada puesta en tus caídas,
pero nunca recogiendo tus luchas.

Sigue andando hasta que el nuevo amanecer prometido
aparezca frente a ti, potente y cegador.

No importa el sentimiento de abandono que te hiela la piel,
andar en soledad
tal vez implique recuperación.

8:07 P. M.

El pasillo de la galería está lleno de esculturas y de cuadros.
La gente camina, pero sin quitarme la mirada a cada paso.

Me toma ver de cerca cada obra para comprender por qué,
aun con todo y el arte, yo he sido la pieza
que más se ha dado a vender.

Y es que a veces se me olvida lo mucho que brillo
cuando simplemente vivo, sin las ataduras del qué dirán.

Cuando me convierto en poesía con el día.

9:25 P. M.

El mundo le tiene miedo a un par de pechos desnudos,
cuando debería temerle más
a los pensamientos crudos que sí son impuros.

10:48 P. M.

Existen cosas que mi sombra no sabe,
que la lluvia no ha tocado y que el viento no ha sanado.

Algo tan escondido que ahora tiene raíz de duda,
flor de negación y fruto de dolor.

No sucedió.

No sucedió.

Tal vez cuando muera pueda volar como diente de león.

Ser libre, sin temor.

Causa de la muerte

Estás…

Estoy…

Y seguiremos estando
descompuestos.

Pero, tal vez, si lees entre esta marea de palabras,
lo estemos juntos, menos solos.

Más conectados, más humanos.

Sin conocernos, sin vernos.

Solo entendiendo, solo sintiendo.

ADIÓS AL ENCIERRO DE LA MENTE

Me vi cubierta de tierra,
de flores y de una paz inmensa.

Me vi fuera de mi cueva,
esa con monstruos que portan mi rostro.

Me vi.

Me vi.

Con las manos desatadas y la espalda tatuada
por las líneas de la vida que tuve,
por esa, por la que nada me detuve.

Me vi.

Me vi.

Si esta es una epifanía, pues llámenme la chica de la profecía.

AMANTE SILENCIOSO

Mi carne se ha quedado pegada en las sábanas de la velada,
esas de la noche pasada.

Y mis ojos sufren en desvelo por el bienestar de mi mente,
que sangra por tus palabras afiladas.

Tomar una ducha me aterra, y es que el agua sobre mi piel
se siente como tus carias de cincel.
Listas para volver a recordarme las capas rasgadas,
esas de las que ahora brota la nueva oscuridad
que no sabe a miel.

Te has convertido en mi amante, Depresión,
y no sé cuándo ha comenzado nuestra relación.

No lo sé.

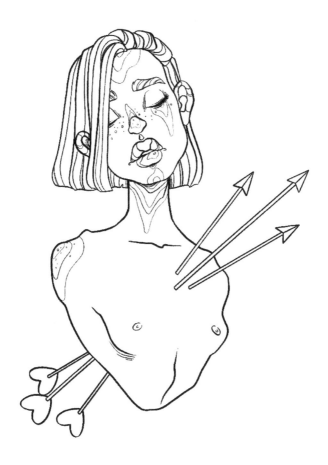

ANÓNIMO

Oh, aún recuerdo.

Aún recuerdo cuando creía en tus mentiras
y te dejaba guiarme a ciegas.

Recuerdo el encanto que desprendías
y cómo con una palabra me hacías sentir segura
y hasta me creía capaz de volar.

Entonces, también recuerdo que eras un actor.

Uno de los mejores, de los que sabían improvisar
y que tenían algo siempre preparado para decir.

Fue en ese momento que caí de bruces en la realidad.

Escuché los aplausos del público, las cortinas se cerraron
y la oscuridad gobernó, dando fin
a la función.

ANSIEDAD

Yo, la princesa que anda medio rota por todo y por nada,
exploto sentada.

Arrinconada y desconfiada.

Porque, debajo de diecisiete colchonetas,
la metáfora es mucho más atemorizante que un simple guisante.

BELLAS Y BESTIAS

Qué tristeza, tantas Bellas cayendo por Bestias.

Ignorando las garras de sus manos, con las que dicen acariciarte
y lo que hacen, más bien, es cortarte.

Ignorando los colmillos de sus perlas,
que crean sonrisas que logran atormentarte.

Tantas Bellas cayendo por Bestias.

No hablo de físicos y tampoco de géneros.

CAPERUCITA ROJA

Pura y casta, corriendo del lobo que raspa.

Aun con todo y capa, piel que no revela nada.

Pura y casta, no importa el largo o el corte de esa manta, ni la hora por la que por el bosque camina.

Corre y corre por el bosque hechizado, y se esconde.

¡Cuidado, Caperuza, este lobo tiene disfraz de sociedad!

CUENTOS DE HADAS

Retorcida prosa del ayer,
te releí y te comprendí.

Si somos fuertes e independientes nos volvemos
como la reina malvada, esa con la manzana envenenada.

Con cuernos en la cabeza y cola afilada.

Queda claro como el agua que no cualquiera
puede portar una corona.

CURITAS EN LA BOCA

Hablamos heridos, desnudamos sentidos
y, cuando cuenta nos dimos, más nos rompimos.

Porque lastimarte con mis palabras no sanó lo podrido.

DESPEDIDA AL TEMOR

Late entre los órganos un corazón sin color.
Será el sol que nunca le dio, que nunca lo besó con su calor.
Tal vez sea que nunca conoció al amor.

Tal vez.

Tal vez… tal vez sea su bombeo constante pero lento,
el recuerdo de un adiós.

Del cuerpo dejado en la camilla se dio a conocer la vida.

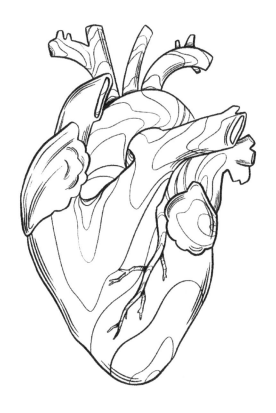

EL FUTURO MUERE

Joven esperanza,
muerta en la bahía del viejo pensar de las aguas.
Del mover de la marea.

Y aquí nos encontramos, nadando a la contraria.
Intentado hacer nuestro camino y siendo arrastrados al principio.

De vuelta al comienzo,
donde nos consume la vida,
el cantar de antiguas sirenas hambrientas por nosotros,
los nuevos marineros.

EL RETRATO DE DORIAN GRAY

Veo el rostro en la silueta, en la inversa del agua.

Luce como yo, justo como un perfecto retrato.

Actúa semejante a mí, pero en su mirada se ve la diferencia.

Está ahí, en la pupila que se dilata.

En la oscuridad que se delata
junto con la sonrisilla que bien brilla,
la que bien combina con la bestia negra
y con su alma podrida.

Veo el rostro en la silueta, se dice llamar Rencor.

Veo el rostro en la silueta…

Soy la silueta.

ÉRASE UNA VEZ...

Zapatilla rota con la fragilidad de la inocencia.

Astillada en las pisadas del actuar en busca de la adultez.

Del intentar comprender eso que nos venden
al instante en que damos nuestro primer llanto.
Pues, desde antes de ser mujer, ya nos venden
el cuento de depender.

No Cenicienta, no por salir de tu casa
debías irte con el primer hombre que en ti se fijara.

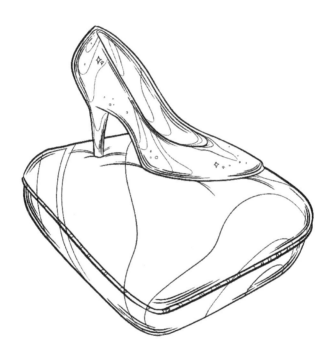

INJUSTICIA

Respirar.

Llorar.

El sabor se queda ahí, inmóvil y a escondidas.

Yo era las cicatrices en la espalda,
huellas en la piel en forma de agua tibia y de rabia.

Que nunca enfría, que nunca baja.

Soy el hermano gemelo malvado de Justicia.

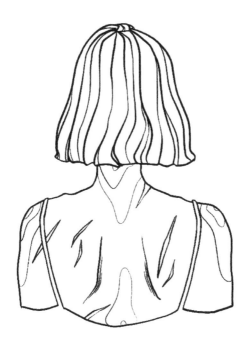

LA LISTA DEL PRÍNCIPE AZUL

No soy Cenicienta ni Blancanieves
y, ciertamente, menos la bella durmiente.

No soy una damisela, no voy en apuros,
no uso zapatillas de cristal
y no quiero al príncipe con sangre real.

Ya he crecido y esto del cuento me va aburriendo.

Bibi di babi di bu, en este final me salvo yo.

LATIDOS

Tengo este raro sentimiento en repetición, como una canción
que no sale de la cabeza por más que la intente olvidar.

Que, por más que la intente alejar, se apega a los sueños como
goma de mascar a una suela y consume de a poco el pensar.

Tengo este raro sentimiento de morir
y nunca haber podido amar.
Sentimiento de que el amor no es para todos,
de que él no es para mí.

Él... Él...

Nunca lo he conocido, no sé si existe o si existió.

Si va por la vida pensando en mí,
sin saber el contorno de mi sonrisa
y el brillo que adquiere mi mirada cuando los rayos del sol
la golpean con furor.
Si va por la vida pensando en mí, sin saber que es en mí.

Este raro sentimiento que adquirimos
los que nunca hemos podido vivir.
Este raro sentimiento que es morir con latidos
en la punta de la lengua y besos dejados sin compartir.

MARCAS

Son partículas de pequeños momentos del ayer
que recorren su camino por nuestra piel.

Y, por desgracia, marcan así el nuevo amanecer.

Guiándonos a hurtadillas hacia el comienzo del fin,
a la matriz en la que somos sembrados directo a la agonía
del nunca seguir hacia adelante.

Del siempre mirar atrás y notar que solo logramos
caminar en círculos, como si todo nos pareciera un
déjà vu constante en el que no nos damos cuenta
de que coexistimos.

NIÑA

Me he perdido entre los restos de mi infancia.
Por alguna razón, se siente como volver a las andadas.
Como ir en retroceso en el mismo sendero de la ignorancia.

Tal vez sea la envidia que escribe estas palabras.
Esta yo llena de miedos y de nervios.

Vale, lo acepto.
¡Qué envidia a tal inocencia!

¿Cómo no tenerla?

Las piedras en mi camino, con todo y tierra,
solo eran parte de un juego; patea y sigue andando,
porque no hay nada que me detenga.

Porque no hay nada más grande que yo en esta carretera.

Envidia, envidia.
Quiero ser valiente como esa niña.

PENSAMIENTO SIN CAFÉ

Estoy en busca del rumbo, del lugar al que llamar hogar.

Del camino colorido, amarillo y con brillo.

De ese que me despoje del miedo que me pasea como perro,
con todo y bozal.

Estoy en busca del rumbo que me deje reír sin pena
a la cual luego tener que recurrir.

SAL EN LA HERIDA

He aprendido a flotar,
a fluir con las burbujas en el mar.

A saborear lo salado, a ver con el ardor.

A respirar con el escozor que causa el dolor.

A seguir nadando, aunque ya no tenga como balsa
ni una pizca de mi viejo corazón.

ABRIGO

Tengo este escudo como abrigo, casi es un amigo.

Es de diseñador, hecho por las manos
de todos esos que se han ido.

A veces me pregunto si es que fui demasiado fría
para sus cálidos corazones,
pues ¿qué otra respuesta ha de haber
para que me abrigaran hasta el punto de olvidarme?

Tal vez di más de lo que ellos de mí querían,
pero es que no recibí el memo de que nuestra amistad
tendría fecha de caducidad.

Tal vez fui demasiado, tal vez el problema siempre he sido yo.
Yo y mi intensa forma de ver la vida.
Mi intensa forma de colorear todo,
incluso lo que no está dentro de la línea.

RENACER

Crecí con el dolor en los huesos,
con ese veneno justo en el hueco de mi pecho.

Sintiéndome insuficiente, no solo por el espejo que me dice
que no soy Blancanieves, la más bella de todo el oriente.

Crecí con ese veneno que brota de mis venas latentes,
con ese dolor que me consume
como el hedor de mi carne que se pudre.

Las larvas ahora me comen y, aunque suena penoso y asqueroso,
vuelo más allá del duelo que cede este suelo.

De aquí hasta el cielo, ahora soy mi yo más sincero.

Paloma Moya

Puertorriqueña, nacida el 26 de enero del 2000, la ~~menor~~ mejor de tres hijos. Graduada en Justicia Criminal con especialización forense solo para descubrir nuevas maneras de matar personajes ficticios.

Escritora desde 2017 en la plataforma Wattpad. Sus principales géneros son: romance, misterio, fantasía y poesía.

Su libro debut fue: *Lo que cuentan los pétalos de un girasol.*

49061757R00056